김준곤
1925. 03. 28 - 2009. 09. 29

김준곤 목사는 조선대 문학과, 장로회 신학교, 미국 풀러신학교를 거쳐 전북대학교에서 명예 문학박사, 미국 서남침례신학대학에서 명예 신학박사, 세종대학교에서 명예 교육학박사학위를 받았다.

광주 숭일중고등학교 교목 및 교장을 역임했으며, 1958년 한국대학생선교회를 창립하여 대학생선교운동을 전개해 오면서 민족 복음화운동에 전력해 왔다. 한국 교회 사상 최대 등록 인원인 32,3419명이 여의도광장에서 모여 5박 6일 동안 전도훈련을 받고 밤에는 100만여 명의 성도가 철야하며 기도한 엑스플로 '74 대회 대회장, '80 세계복음화대성회, '84 세계기도대성회, 엑스플로 '85, GCOWE '95 대회의 준비위원장으로 맡아 섬겼다.

또한 한국대학생선교회 이사장 및 총재, 국제대학생선교회 원로 디렉터, 우리민족서로돕기운동 상임대표, 기독교민족화합운동본부 상임대표, 2002월드컵기독시민운동협의회 대표회장을 맡아 민족의 화해와 성시화운동, 북한동포돕기운동을 주도적으로 이끌었다.

저서로는 현대 기독교 고전으로 평가받는 「예수칼럼」과 , 「영원한 첫사랑과 생명언어」, 「요한복음 개론」, 「리바이벌」, 「성서조감」 등 다수가 있다.

딸의 죽음 그 존재의 제로점에서

My Daughter's Grave

When Grief turned to Hope

| Joon Gon Kim |

My Daughter's Grave

When Grief turned to Hope

| Joon Gon Kim |

Contents

Part 1

Stage IV Stomach Cancer	9
The Consuming Pain	13
A Forsaken Prayer	19
Because the Lord Loved Her More, Needed Her More…	22
Where I Buried My Desires of this World	28
The Blood-Stained Confession of Love	31

Part 2

Solitary Grief	39
"Is Mom above the Clouds? Is She Watching Us?"	42
Baby Birds Abandoned on a Roof	46
The First Encounter with Stepmother	50
Jung Ha's Diary	55

Part 3

Life and Death	63

PART 1

The Lord
Who Took My Daughter
to a Better Place

Stage IV Stomach Cancer

Shin Hee was a delicate girl with soft features and a mild disposition. She was intelligent, kind-hearted, and above all, of good character beyond reproach.

Through the 30 years of raising her, her reticence was often mistaken for an absence of presence. She had always been a distant and quiet child, as if she were apologetic for her existence. When she was just three months old, I recall taking her on a bus packed with people. Everyone on the bus complained of motion sickness as the rickety bus jolted unsteadily for four hours. And yet, Shin Hee slept ever so peacefully and angelically the entire ride. Additionally, on certain occasions, while my wife and I were at school all day, the nanny would starve her the entire day to the point of her lips getting chapped. And still, Shin Hee would not cry.

It was this very aspect of her personality, her propensity to not want to worry us or her will to endure pain regardless of its intensity, that led her to tolerate the symptoms of cancer until it had progressed too far.

On December 10th, 1981, at S hospital, Shin Hee had open surgery, only to discover that upon opening up her abdomen, the stomach cancer had spread to other organs, making the prognosis terminal. According to the surgeon, after debating whether or not to simply close her up, he proceeded to remove a large portion of her stomach and spleen, including a portion of the liver and pancreas, and created a temporary stomach using a portion of her small intestine.

After the surgery, the surgeon said that while the surgery itself was deemed a success, she only had about five to six months left to live. When I asked about her chances of survival, he responded that her chance of recovery was lower than one in one hundred thousand, or even one in a million.

However, days later, when the pathology report did not show any evidence of metastasis, the family questioned the surgeon's entire prognosis. The question will forever remain with me on whether it had been necessary to remove her organs to that extent, knowing that she would die no matter what and knowing that even a healthy person could easily die from such a procedure.

I later heard that right after her surgery, Shin Hee had worriedly asked the nurse whether there was any way for her parents to not find out about her cancer. The entire time that she was battling cancer, Shin Hee never once uttered a single word about her diagnosis and feigned ignorance until the very end.

When Shin Hee was transferred from the recovery room to the hospital room, she was as white as a sheet. She had a tube running through her nose, three needles in her arm, and a catheter to catch her urine.

I had once read that in teaching hospitals, patients are often sacrificed as biological experiments. Shin Hee appeared to be just that - a human subject in a research lab.

The Consuming Pain

In the first 167 days after receiving surgery, it is said that cancer patients feel pain intermittently, but Shin Hee endured unending, intense physical pain until the very end.

She spent endless days vomiting with extreme abdominal pain and discomfort even when trying to drink soup. The cancer, which had spread throughout her intestines, caused paralytic ileus, resulting in constipation for fifteen days at a time despite the use of enemas. She was unable to pass gas, and later on, experienced an accumulation of fluid which led to extreme bloating, liver failure, and difficulty in breathing, all in addition to severe leg cramping.

Every time Shin Hee vomited, her agony reverberated through every pore of my skin and every bone of my body. Could it be my sin that was causing her so much suffering?

Back at home, I witnessed as Shin Hee, unbeknownst to anyone else, would wake up every night and go into the empty living room to not disturb her family. And it was there that she would twist and turn and whimper in pain from the all-consuming stomachaches. Her eyes would get swollen from spending every night crying alone. But during the long period of battling cancer, Shin Hee took great pains to hide her tears. She was always the first to wake up and wash up. She never once shed a tear in front of her family and remained completely composed. Shin Hee remained composed even in front of guests and visitors who would shed tears.

Because of the ileus that resulted in persistent constipation, Shin Hee had to go to Jesus Hospital in Jeonju for a bowel resection. In the final month of her life, she vomited bile and gastric acid due to abdominal adhesions that had formed, particularly around her artificial stomach. That is how the doors to drinking water were forever closed to her. Even her sphincter, which had been created using pieces of her intestines, eventually became impaired. And thus, the doors to use such functions were forever closed as well. Unable to eat, she required a central line to her heart to give her the needed nutrients and sustain her life. But even that became insufficient and her arms had to be pierced ten, twenty times as the nurse attempted to locate a vein to provide supplemental injections.

The greatest heartache for Shin Hee was the issue of who would care for her two young daughters(ages5 and 3). Like brief moments of sunshine during the monsoon season, in the rare half an hour when her pain would subside, I would witness her sitting on a chair by the sunny window, hugging her two children and making countless promises to take them to the zoo and to restaurants, as she bit her tongue to hold back the tears. Whether it was out of concern for us or to push aside her yearning, she remained noticeably silent on the topic of her two children.

One afternoon, she awoke from a dream yelling, "Soo Yeon (her second daughter)!" My wife, who was at her side at the time, asked, "Shin Hee, what is it?" But she avoided the question and simply replied, "It's nothing."

On another day, Shin Hee asked her mother, "Mom, don't you miss the kids?" When my wife replied, "Do you want me to bring the kids if you miss them?" Shin Hee once again avoided the situation with a no.

How much she must have missed her beloved children, the light of her life? Shin Hee had the utmost love and care for her two daughters.

Shin Hee's greatest fear was the intense pain that would become seemingly unendurable. Oftentimes, even morphine is ineffective for terminally ill cancer patients, which causes doctors to use it sparingly towards the end of a patient's life, resulting in many cancer patients becoming delirious from the pain in their final weeks.

As I watched Shin Hee endure the pain, she would call out to the Lord. Her forehead would be drenched in cold sweat, and both her hands and wrists were twisted as her entire body writhed in pain. Eventually, Shin Hee would lie in bed as she prayed, while my wife and I clung to her wrists as we prayed through wordless groans.

Shin Hee had always been frail, but never sickly. However, after receiving five surgeries in the abdominal area, her body was nothing short of maimed. The procedures included an ileocecal resection, two caesarean sections during childbirth delivery, surgery for stomach cancer, total gastrectomy, and a small bowel resection.

My throat tightened as she stroked her body that now weighed a mere 26 kilograms. As her hands glided over the scars, the needle, the tube inserted in her nose, the tube inserted in her abdomen to remove the fluid buildup, she said with a bitter smile, "Mom, I'm a mess, aren't I?"

A Forsaken Prayer

In April, outside the Jesus Hospital in Jeonju, the forsythia flowers covering the hill were in full bloom. One afternoon, for about a solid hour, Shin Hee was in a particularly good mood. At the time, Yoon Hee, my third daughter, was sharing about her time on the hill when suddenly, as if reminiscing about a happy memory, Shin Hee's face lit up as she grabbed my wrist tightly and said, "Dad, I want to live. Is there any way I could live?"

Ever since I received the news from the attending doctor that Shin Hee did not have much longer to live, I was determined to prepare her faith. I took this as the opportunity to bring it up.

"Shin Hee, you must prepare yourself to meet the Lord. And you should record what you want to say to your husband and two daughters. We will take care of the kids, so don't worry about them at all."

"Thank you, Dad. I had actually been meaning to ask, but I felt so bad I couldn't get myself to bring it up. I'm not afraid about death. I'm just worried I haven't done much for the Lord. But I am afraid of the pain."

That day, when our family was having a special time of prayer, Shin Hee was filled with the Holy Spirit. She prayed, her face illuminated. My heart ached with her every word.

"Lord, if I was given another chance at life, you already know what kind of life I would live. But let me live in gratitude and worship with whatever cup you may give me. I wish to submit to your will. Let my pain and tears become a prayer and a song of worship. This cup of suffering is too much for me to bear, so please carry it for me and give me the strength to endure."

Whether I was awake or asleep, sitting or standing, I alternated between calling out to the Lord and Shin Hee as I prayed as often as I breathed. But the most desperate prayer of my life was mercilessly forsaken.

Because the Lord Loved Her More,
Needed Her More...

On April 26th, 1982, my daughter, Shin Hee, at the age of 29, was called to Christ and left behind her husband and her two daughters.

The day before she passed away, Shin Hee, who had been sleeping ever so peacefully, woke up and stared at every family member with the brightest and most peaceful eyes. She smiled as she greeted and thanked us. We asked her, "Can we pray together?" And as she said, "Lord⋯" she pointed to her mouth and head, letting us know of her impaired speech and indicating she could not process well.

On that fateful morning, around eight o'clock, as I prayed for Shin Hee, it seemed as if both my wife and Shin Hee had fallen asleep. I was about to step out of the room when Shin Hee lifted her hands towards me and called, "Dad, Dad." She said two words: "Pray, pray." As I held her and prayed, Shin Hee fell back asleep. I was at peace as I went into my office, but when I arrived, I received a call from the nurse. By the time I had rushed back, Shin Hee was taking her final breaths.

Shin Hee died. My wife closed Shin Hee's eyes. The doctor and nurses came in and removed the ventilator and the central line that pierced her heart.

I asked everyone to leave the room. I wished to be alone with Shin Hee. Her suffering had come to an end. That thought alone seemed to provide a thread of relief from the agony that had been suffocating me. Would she be in the Lord's embrace as a bride? A young daughter? Was she watching me and her body from above⋯?

I felt Shin Hee's wrists slowly harden and grow cold under my grasp. Her pale, gaunt face was as calm as a lake after the storm. Could there be another living being on this earth with a face holier and humbler in spirit?

Shin Hee did not come to this world to live. She was too innocent to the things of this world. She lacked selfishness. She was closer to a vision than a reality.

Only Jesus Christ can redeem. But could it be that Shin Hee had been born under a noble star to be sacrificed like a kernel of wheat? A sacrificial lamb that had taken the place of someone else's pain, illness, sin, and death?

My daughter took on the sin, pain, illness, and death of me and my family. Shin Hee's suffering and distress have now come to an end. She now resides with the glorious Lord, in the midst of the praise of angels and saints, in peace, joy, love, and happiness. Subsequently, when my time comes to an end and I awake in the Lord's embrace, I hope that you, my daughter, will be the first to greet me with a bouquet of flowers…

One of Shin Hee's lifelong prayers was for her in-laws to believe in Christ. Currently, even the distant relatives of her in-laws are all believers in Christ.

Shin Hee prayed that she could glorify the Lord through her death. At every hospital that Shin Hee stayed, she was known as the model patient. Two of my son-in-law's colleagues came to Christ after attending the funeral. We are extremely grateful.

From what I can remember in the past 30 years at CCC, among the staff members, including the part-time staff members, Shin Hee was the first staff member to die.

My dear daughter, who had been proud of my work, who had respected and loved me more than she did anyone else. Only the Lord knows why my untainted, beautiful, and delicate daughter had to die in the midst of such brutal suffering. I must drink that cup with gratitude.

Time passes by. I stood, frozen, at point zero where I could say nothing, do nothing, and was nothing. I stared at the Lord on the cross. Below the crown of thorns, blood pours down like rain.

Silence was met with silence. When the Lord became zero on the cross and when I was at zero. The Lord's suffering and my suffering. The Lord's death, Shin Hee's death, and my own. Could it all be overlapping? It was a lost time where my words, my actions, my thoughts, and even my existence was at a standstill. Looking back, I admit I was disappointed in the Lord. How could He allow such cruel suffering to such a delicate child? I did not even have the strength to call out to the Lord.

Eventually a miracle happened. From deep, deep within, from the essence of my being, a gentle whisper of worship burst forth - like ground water gushing out from the depths of the earth. I was filled with a spirit of praise.

The praise was certainly not my own. It was the Holy Spirit worshipping within me and on my behalf. The resurrected Lord is alive. Back then, even at my point zero, the Lord was with me and above me. The Holy Spirit had interceded.

Where I Buried My Desires of this World

A couple days after Shin Hee passed away, I received a letter. It was a lengthy letter that contained the following:

"Pastor Kim, Shin Hee raised me like her own sister. When Shin Hee was a staff member at Y Woman's University, she taught me about Christ. While receiving discipleship, I had to drop out of school in my third year of pharmacy due to personal reasons. When I visited her to say farewell, she asked if we could meet up the following day. The next day, Shin Hee handed me a thick envelope and told me I should use it for my tuition since she did not need it."

She had now become a pharmacist, met a doctor of strong faith, and was happily married. When my wife and I met up with the couple, they said, "Shin Hee was not a woman of this world. She was a woman of heaven." Of course, such words contain platitudes of commemoration and sympathy for a woman who died so young, but I received similar messages from her numerous friends and disciples.

I kept seeing Shin Hee in my dreams. Like any other time she visited, she greeted me and said, "Dad, I'm all better now." But there was a hint of sadness in her expression. I felt the heavy weight of anguish lift as I thought, "Shin Hee is going to be with us now. This is not a dream, but a reality." But when I awoke, the reality was not her return, but in its place was the absence of her existence. On such nights, I wept all night in agony.

Shin Hee left having transformed 95 percent

of the desires I had for this world into hope for the other world. Because the Lord loved her more, needed her more, He took her to a better place in His time and in His way. So, all I can do is worship.

By a narrow pathway in a cemetery, tucked away in a corner, there lies a small, round mound and a tombstone inscribed with the words, "In Loving Memory of Shin Hee Kim." Her humble grave resembles the child that she was. It is also the place where I buried my desires of this world.

The Blood-Stained Confession of Love

One day, a peace beyond our understanding came to my wife and me as we resolved to follow in Abraham's obedience and acceptance of sacrificing Isaac.

Moses's prayer for forty years was to cross the Jordan River and to enter the land of Canaan. But at the top of Mount Nebo, God showed Moses the land across Jordan and told him, "You will not cross over into it." Moses received this rejection as his final gift on earth.

Even Paul's repeated prayer to the Lord for the thorn to be removed was rejected all three times.

In my own little Gethsemane, my cup is more bitter than blood. The Lord ultimately took from me what was most, utterly precious. I must not focus on the Lord's hand that has taken away but rather on His other hand and what He has in store for me. In the other hand, I see in its full glory, the eternal hope that the Lord has prepared.

I stand before the task of confessing and reconfirming my trust and faith in the Lord's perfect love and in His ability to give me the strength to overcome whatever situation I may face. As a father, I would have gladly taken the place of Shin Hee twelve times over, yet no one can take the place of one's suffering and death. Only the Lord Himself can take Shin Hee's place.

During one of our prayer sessions, Shin Hee, Shin Hee's husband, and my wife and I lifted up the following prayer:

"Lord, our strength to pray and our faith slowly wanes. Satan is stripping us of our gratitude and praise. We neither have the strength to live nor to die. There is no strength left in us to fight against the illness or to endure the pain. We cannot bear this suffering. We surrender ourselves to you. As you would save us from the water, from the fire, let the Holy Spirit intercede to pray for us, and to give us faith, gratitude and praise. We have been crucified and all that lives in us is you, Lord. You have conquered death itself with your death. Let this suffering become your suffering. Take on the full width of Shin Hee's suffering so that she may endure. It is you, Lord, who lives and it is you, Lord, who dies. This fight is your fight. This death is also your death."

We hold the secret to living an exchanged life and to be a living sacrifice. The blood-stained confession to surrender at the cross and to have faith in the Lord's perfect love, the assurance that God is in control of all of me and my everything, and faith in universal salvation in all circumstances do not come from me, but from the Holy Spirit within me.

God begins where man ends. Our lowest point, below zero, is the beginning of God's involvement. The greater the despair, the greater God becomes. Life is a culmination of sub-zero numbers as we emerge from the darkness. The Lord is alive. The Lord is love. The Lord is faithful. He keeps His promises.

Shin Hee was the Lord's daughter before she was mine. The Lord loves her more than I love her. The Lord needed Shin Hee in heaven more than here on earth. So, He prepared the best things, took her to a better place, and reserved a special process of suffering and training to use her greatly.

My sincerity and purity in praising God is as certain as my death. Throughout it all, Shin Hee's prayer was, "to glorify and praise the Lord."

As a spring butterfly falls asleep amongst the flowers, and as a child sleeps peacefully in the arms of a mother as the mother and father prays, despite the intense pain, whenever we prayed, I distinctly remember Shin Hee falling asleep peacefully as if in the Lord's embrace.

PART 2

Solitary Grief

Solitary Grief

As if clinging to the shadow of Shin Hee's past, my son-in-law, Jong Taek Shim, decided to live with the kids at our place for the time being.

Jong Taek's last name is Shim, from the Chung Song family line. He is the nephew of the Minister of Commerce and Industry. He is comely, tall, filial, and well-educated, graduating with a major in economics from the States. Overall, he is a gentleman with prematurely gray hair.

Out of everyone I know, Jong Taek has the softest heart. After hugging his children, he would often frequent the bathroom to wash away his tears. Jong Taek truly loved Shin Hee in a remarkable way. As a man in his thirties, he had not just lost his other half, but found himself deprived of his entire self. He lived like a sleepwalker drifting through unknown territories.

He would ask my wife and me, "Why did the Lord have to take away Jung Ha's mother?" We responded with tears as we witnessed his spiritual affliction. In that moment, even Soo Yeon, Shin Hee's younger daughter, who had been whining to be taken to her mother, seemed to sense something was amiss and lost her child-like expression.

Grief is solitary. Jong Taek must bear the wretched sadness, pain, loneliness, longing, and fear alone. No matter how much it is shared, the affliction of the death of a mother, death of a wife, and death of a daughter does not grow any lighter.

In the midst of his suffering, my son-in-law continued to frequent his travels to the States for business. He shared how he dreaded packing up their home in the States, just as much as he dreaded the funeral. Even so, he took care of the house he used to live in with Shin Hee, packed up her belongings, and sent them back to Korea.

While traveling abroad, Jong Taek would call his daughters every day. My heart ached for the man who reminded me of a migratory bird who had been left behind with a broken wing.

"Is Mom above the Clouds? Is She Watching Us?"

It has been ten years since Shin Hee passed away. For the first five years, the daughters she left behind, Jung Ha and Soo Yeon, were raised by my wife. And for the past five years, they have been living with their stepmother.

After leaving Shin Hee to the care of the morgue, my wife and I prayed for the kids. How would we explain this? They were too young to grasp the meaning of their mother's death. How could they possibly understand that their mother had gone down a road from which she could never return? We had to prevent any further pain and distress. After much discussion, we decided not to inform the girls about Shin Hee's funeral. Yet, the children were despondent as if they instinctively knew what had happened.

The topic of Shin Hee was taboo – like a blanket that smothered the family – until the children, who had not once mentioned their mother as if they had an unspoken agreement, finally asked where their mother was. It was a question I had been dreading.

"Your mother was so sick that the Lord took her away."

"When is she coming back?"

I thought of the Second Coming.

"Later, when you grow up, Jesus will bring her back."

"Where did He take her?"

"He took her to heaven."

"Where is heaven?"

These were unavoidable questions. How desperately they must long to know the whereabouts of their mother. But as abstract as it is for adults, the concept of heaven was too complex for the children to comprehend.

Realizing that the explanations were becoming progressively vague, Jung Ha said, "Heaven is up in the clouds, right?"

"Yes, it is up in the sky."

Thus, our conversation came to an end. And that is how we overcame the fundamental human issue of life and death.

It seemed like Jung Ha knew her mother had died. Jung Ha tells her friends, "My mom went to heaven." Soo Yeon, as if quietly and eagerly awaiting her mother's return, blankly stares up into the clouds every day. She asks us, "Is Mom above the clouds? Is she watching us?"

How could we possibly protect their hearts when their mother could never return and remained silent to their cries? The children were too young and we were too ignorant to teach them to transcend their pain by faith.

We moved to a new home. With a serious expression, Soo Yeon asked us whether we had given her mom the new address and phone number. My wife slowly embraced Soo Yeon as I watched her tears fall on top of Soo Yeon's head.

Soo Yeon never uttered the word "mom" again.

Baby Birds Abandoned on a Roof

In kindergarten, the mothers had to join the children at school for Sports Day. One of the competitions required the children to run with their mothers. When the teacher told the children to bring their mothers, Jung Ha said with concern, "I don't have a mother." The teacher said she could bring an aunt or a relative. My wife repressed her sadness as she ran with Jung Ha amongst the young mothers.

Just like their mother, Jung Ha and Soo Yeon are incapable of swearing. I never once saw them even hold a grudge. When there appeared to be a boy at school who was bothering them, they would simply say, "So-and-so is so mean," and that would be the end of it.

All throughout kindergarten and elementary school and as they attended art class, church, piano lessons, swimming lessons, vacation bible school, etc., they made many friends and were particularly loved and adored by their teachers. The boys were so eager to sit next to them that their parents would make special requests to the teacher to allow their sons to sit next to Jung Ha and Soo Yeon.

They walked hand-in-hand to kindergarten every day. Like a flash, Shin Hee briefly comes to life in the motions of her two children.

We have a live-in housekeeper, who is kind and solid in her faith. As someone who has lived with us for ten years, she is more like my eldest daughter than a housekeeper. She was born into a Christian family and crossed over from North Korea with her family during the war.

By the Lord's provision, the housekeeper was like a mother to Jung Ha and Soo Yeon as she told them Bible stories whenever she had the chance. And when we had to travel, she watched the kids as if they were her own children. She also took on the role of making sure they read the Bible and memorized Bible verses. The housekeeper, who reminds me of a kindergarten teacher, was amazingly talented at bringing the Old Testament stories to life that I even found myself mesmerized by them. I watched as Jung Ha and Soo Yeon became more conscious of their faith through prayer and as their love for God continued to grow.

One night, as I was walking late holding the two children on each side, I noticed something strange. They were grasping my hand with both their hands ever so tightly. Could it be a subconscious lack of security they felt in the absence of their mother? Could it have been an act of emotional compensation for the disconnected lifeline that had once linked them to their mother? There is a part of them that appears forlorn, like baby birds that have been abandoned by its mother on a roof.

The First Encounter with Stepmother

Throughout her battle with cancer, Shin Hee would have been thinking about a new mother for her daughters. And she would have worried about the relationship between the stepmother and her children.

I reflect on the promise I made to raise her children when Shin Hee was on the brink of death. At the time, she was preparing to meet the Lord and was thinking about a will to record for her children. Shin Hee had said to me, "I'm truly sorry. I have been meaning to ask you," hesitant to pass on the burden of finding a stepmother onto us.

My son-in-law, Jong Taek, had a remarkable love for Shin Hee that is rare to find. It had been five years since Shin Hee passed away. And yet, he endured in the name of love. Despite our urging to meet other women and even though we made some introductions, he said that he did not think he could love another woman. The memory of her was just too strong. The love for her had been too great.

We began to pray for our son-in-law and for a new mother for the children. When we carefully broached the subject with the children, they reacted far more maturely than we had ever anticipated. Like water bursting forth from a dam, the children's longing for a new mother began to unfold. Even single, unmarried women were volunteering to be a mother for the children.

The issue was my son-in-law's heart. I worried whether he should seek out counseling. It seemed as if he had become emotionally crippled.

However, with the Lord's help, a second Rebekah appeared for Isaac. A new mother figure, a Korean-American, who was remarkable in personality, faith, age, and beauty appeared. My son-in-law came to us to discuss his intentions.

Her name was Bella. They got married in the States. She also had to be introduced to the children. The day their new mother was to visit, the two children were so excited that they could not sleep. Jung Ha seemed fine. But for Soo Yeon, as the child with deeper emotions, she avoided looking at both her new mother and her father - like a young girl too nervous to stare into the face of the man she loves. She simply stared at her grandmother and grandfather instead.

I caught a glimpse of Shin Hee in Soo Yeon's expression of hesitation to face her destiny with a new mother. It was not aversion, but rather her sense of elation that held her back. Being too shy to hand an apple slice directly to her new mother, she chose instead to give the fork with the apple slice to her father and gestured for him to pass it on.

I could observe the new mother's desire to hug this adorable girl but also her self-restraint to proceed with caution. It was an instance of periphrasis. A lost ability for Koreans to openly express their emotions. Like a solitary lily wishing to bloom in hiding deep within the mountains, Soo Yeon was an incarnation of Shin Hee. Such was the innocent beginnings of her encounter with her new mother.

Jung Ha and Soo Yeon enjoyed telling me riddles.

"Grandpa, guess why there are five fingers."

"I'm not sure."

Soo Yeon said, "Do you want me to tell you? So that we can wear gloves."

Those had been such happy days with my granddaughters.

Jung Ha and Soo Yeon now attend school in

Los Angeles under the loving guidance of their stepmother. I hear that her relationship with the two children are an object of praise and respect. It is unlike the stereotypical stepmother-stepdaughter relationship.

Bella respects us as if we were her own parents. She says she thanks God every day for giving her two kind daughters who make her proud.

Both children have many awards – Perfect Attendance Award, Award of Excellence, Award for Exemplary Behavior, etc. At the school they currently attend in the States, they (now ages 15 and 13) are at the top of their class and are known as exemplary students for getting all A's. Shin Hee's image becomes more apparent in her children as they grow older.

Jung Ha's Diary

An entry with the title, "The Day Auntie Bella Came," resides somewhere in the middle section of Jung Ha's diary. I am so glad that Auntie Bella, whom I have missed so, so much, has come back. I was even more thankful because she brought back a large, round date. This diary entry coincided with the day their new stepmother stopped by our house.

As I skim through Jung Ha's diary, an entry titled "Bible Quiz" catches my eye. I am very good at taking the Bible Quiz. I guessed 7 questions correctly and won 7 pencils. I feel a little bad for the older students because I won so many.

There is also an entry titled "Vacation Bible School." I learned a new praise song. The joy that arises from our hearts overflow as our family serves Jesus. Our lives are filled with joy as we live by His Word.

There is another entry titled "Easter." Today is the day Jesus died and rose again in three days. Mom also rises again.

It seemed as if the topic of their mother was taboo for Jung Ha and Soo Yeon as if someone had taught them to do so. But in Jung Ha's diary, there was the following sentence: I remember riding a boat with Mom and Dad in the States. She wrote this after going on a boat ride on the lake with her dad.

There is also the following passage: It is my sister Soo Yeon's birthday. Happy birthday, Soo Yeon. Jung Ha loves Soo Yeon dearly.

There was a time when Soo Yeon caught the

chicken pox. It happened to be during a period when my wife was away traveling for a month. Soo Yeon was in bed for a week with a fever and chicken pox all over her body. I often saw Jung Ha stroking Soo Yeon and crying sorrowfully. The following was written in Jung Ha's diary: The day Soo Yeon got the chicken pox, I wanted to cry. I prayed.

"Grandma's Love" - journal entry - When I was behind five days in writing my diary, Grandma lost her temper. Her yelling was so loud that I thought tears were going to fall. I went back into my room. As I was writing a page of my journal, Grandma hugged me tightly. I know Grandma's love for me. Grandma is my favorite.

In a different entry was written: Grandma bought me a ribbon hairpin. Thank you, Grandma. I can't wait for tomorrow morning. Because I want to wear the ribbon hairpin when I go to school tomorrow.

It could have been the influence of frequenting

the hospital when their mother was sick, but Jung Ha and Soo Yeon often played hospital. There was a journal entry called, "Playing Hospital." Soo Yeon and I did rock, papers, scissors and the person who won got to be the doctor and nurse. Soo Yeon put the thermometer in my armpit.

"Bible" - journal entry - Every single morning and night, I read the Bible. Right now, I am at Genesis 46. I memorized Genesis 1:1. "In the beginning God created the heavens and the earth." What a simple message. I made a bet with my sister about who can read faster. On Sundays, I read the Bible more.

My heart aches as I read Jung Ha's diary, which is filled with longing and anticipation for her father, who is away on business trip. My eyes well up with tears as I read Dad's letter. I wonder what kind of work Dad is doing right now. I worry about Dad's health. I wonder when he is coming back. I really, really wish I knew. Anyways, I hope he finishes his work and comes back soon. Dad's daughter Jung Ha is waiting for Dad. I will study harder until he comes back.

There are many entries of her daily interaction with Soo Yeon. The following is a segment from the entry called, "Yut Nori." Every day, even if it's not the New Year's, my sister, Soo Yeon, and I play Yut Nori when we are bored. Soo Yeon, Auntie, and me, Do, Gae, Gul, Yut, Mo, back-Do, back-Gae. Auntie comes first, Soo Yeon comes in second, and I come in third. It was fun.

"Yut Nori, also known as Yunnori, Nyout, and Yoot, is a traditional board game played in Korea, especially during the Korean New Year… There are four straight courses and two diagonal ones. Each of the straight courses comes with five stations, the diagonal ones have five stations, too, but one is shared… Instead of dice, yut-sticks are used… There are small tokens used for the game [as horses]. Black and white plastic tokens are [commonly used]. The sticks are cast to determine how far a token can advance… Each combination has a name. "Do" "gae" "geol" "yut" and "mo." A "do" is worth one space advance, a "gae" is worth two space advancements… and "mo" is worth five space advancements… There is also the back rule, where one of the sticks is labelled back. If this is the only stick facing down, one of the horses has to go back one step… The game is won by the team who brings all their horses home first, that is complete the course with all their horses."

PART 3

Ruminations on
Life and Death

Life and Death

Life and death - like the front and back of a hand - both steadily coexist within me like a shadow. There is a story about a king who ordered his servant to come with a cup of water every morning and announce, "Your Majesty, remember that you too will die."

Even without Heidegger's aphorism, everyone will die. We don't know when. But when you die, you die alone. Even in the situation of a mass suicide, death is yours to bear alone. No one can take your place.

When the Little Prince died, he died alone on

his planet. When Qin Shi Huang died, despite the ten thousand slaves and relatives that were buried with him, his journey to death was still his to voyage alone. From the moment we are born, it is as if we came here to die - like passengers on a train called life that is headed towards the final stop of death.

Living also means dying. Could we have been born to die? The meaning of life coexists with the meaning of death. Why do we die? Without knowing where we came from and where we are headed, the reason we live remains an unsolvable mystery.

Schopenhauer's pessimistic nihilism, Buddhist's nihilistic existentialism, Solomon's experiential nihilism. It all seems inevitable in a life aware of death.

The moment we become conscious of the self, we become aware of God, our guilty conscience, and death. In Genesis, through the fruit of the tree of the knowledge of good and evil, Adam and Eve become aware of what is good and evil. Awareness of their nakedness led to a guilty conscience and became a curse. The sting of death is a guilty conscience and sin.

Death. Our lives remain a meaningless riddle if we do not solve it with the issue of God and sin. People wish to rationalize or explain away life and death as biological and as something unavoidable. We would like to believe "all is vanity" as we traverse the four phases of life – birth, old age, sickness, and death. However, as if we were the exception to biology, our lives and our deaths are distinct from any other creature's life. For man, there is no such thing as death by natural causes.

We exist in relation to God. In other words, death can be defined as a severed relationship from God. Living without God is to be spiritually dead. Therefore, to live means for God's will to naturally - like breathing - become our own will. Just as a person in a coma is an example of the living dead, a person whose spirit is dead to God's will is also the living dead.

For people, the concept of death is an enemy to the concept of life. It is an intruder. Death is an exclusion from life. In the philosophy of life, one who will certainly die tomorrow would reasonably either go insane, take their own lives, or live like an animal.

Like the saying, "Eat, drink, and be merry for tomorrow we die," the Soviet rule was just that. A culture that allowed for a large group of prisoners to be randomly selected daily for execution at the prison camps. An animal without faith. Hell where the devil resides. Shall we live in such hell where we only think of today? Otherwise, we have no choice but to live in denial of reality, like a sleepwalker or a lunatic. The world itself is a massive archipelago of death row convicts.

It may be that even without the despair of existentialism, people live in a fog of uncertainty, at the riverside of despair, at the edge of fear, in the dark cloud of death, as we remain oblivious to what we speak.

Jesus is life. The way. The truth. Love. Forgiveness. The Gospel. Salvation. Heaven. Freedom. Liberation. The capsule of Jesus contains everything that we could possibly desire.

A heart without Jesus is nihilism. Death. Anxiety. Despair and fear. Hell. In a life without Jesus, history is a mere story of death, living in death, and surrounded by death.

Jesus is my breath. My life. Alpha and omega. Our relationship is like water to fish, air to life - no, breath to life. If the absence of breath is what defines death, my consciousness in the absence of Jesus is also dead.

There is no path without Jesus. A time and space without the Lord is dead to me. A resting place without the Lord, any life event irrelevant to God is meaningless. For me, life is Jesus.

Shin Hee Kim

딸의 죽음
그 존재의 제로점에서

| 김준곤 |

책을 내면서

　옛말에 부모가 죽으면 땅에 묻고, 자식이 죽으면 부모의 가슴에 묻는다는 이야기가 있습니다. 자녀를 먼저 하늘나라로 떠나 보낸 부모의 심정이란 어느 누구도 대신해줄 수 없는 아픔과 진한 그리움을 안고 살아간다는 말일 것입니다.

　1998년, 늦가을을 지나 겨울 초입으로 들어서고 있던 어느 날, 평생을 예수 비전으로 민족과 젊은이들을 부둥켜안고 한순간도 쉴 틈 없이 달려오신 김준곤 목사님의 가슴속에 묻어둔 눈물과 아픔과 사랑의 순애보를 음반으로 냈습니다.

　그 음반을 들은 독자들의 반응은 실로 엄청났습니다. 자식을 하늘나라로 먼저 떠나보낸 부모들이 그렇게 많다는 것을 알았습니다. 그 부모들은 그 음반을 듣고 가슴에 묻어둔 슬픔을 천국에 대한 소망으로 바꿀 수 있었다고 고백했습니다.

평소 부모의 마음을 아프게 했던 지방의 한 대학생은 회개의 눈물을 흘리고 부모를 잘 섬기기로 결심했다는 고백의 편지를 보내왔습니다.

감동의 사연은 소문에 소문으로 이어졌습니다. 이례적으로 여성잡지 Queen에서도 김준곤 목사님을 인터뷰하여 기사화 할 정도로 사람들에게 큰 반향을 불러일으켰습니다.

조가비의 몸 속에서 억겹의 시간을 보내는 고통 속에서 진주가 만들어집니다. 풀무불 속에서 정금이 만들어집니다. 그리스도인도 마찬가지입니다.

바라기는 이책이 고통의 흔적을 가지고 살아가는 모든이들에게 위로부터 주어지는 위로와 소망을 드리는 하나님의 선물이 될 수 있기를 소망합니다.

펴낸이를 대신하혀 CCC편지 주간 김철영

목차

책을 내면서 72

1부
딸의 죽음, 그 존재의 제로점에서 79
위암 4기의 극한 고통 81
거절당한 기도 85
피묻은 사랑의 고백 89
존재조차도 정지된 제로점에서 93
세상 욕심을 묻어버린 곳 98

2부
"저 구름 위에 엄마가 있어? 우리를 보고 있어?" 105
아무도 대신할 수 없는 슬픔 108
정하의 일기장 113
새엄마와의 첫 만남 117

3부

삶과 죽음　　　　　　　　　　　　125

부록

Queen잡지 1998년 8월호　　　　　　130

"나보다 더 사랑해서, 더 필요해서
더 좋은 곳으로 그 애를 데려가신 주님"

- 1부 -

딸의 죽음, 그 존재의 제로점에서

딸의 죽음, 그 존재의 제로점에서

딸 신희는 29세를 일기로 세 살과 다섯 살 난 두 딸과 남편을 남겨놓고 주님의 부름을 받아 1982년 4월 26일 세상을 떠났다.

어쩌다 늦게 발견되어 1981년 12월 10일 S병원에서 개복수술을 받은 때는 이미 말기 위암이어서 집도의의 말에 따르면, 그냥 덮어버릴까 하다가 수술을 했는데, 위와 비장 전부를 몽땅 잘라내고 간장 일부와 췌장 일부까지 절제해버리고 소장 일부를 잘라서 대용 위를 만들었다고 한다.

수술이 끝나고 난 뒤 집도의는, 수술 자체는 성

공적이지만 5, 6개월 이상 생존하지 못할 것이라 했다. 생존 가능성이 있느냐고 했더니 10만분의 일, 100만분의 일도 없다고 한다.

그러나 며칠 뒤 병리검사 결과 전이는 없다고 들었을 때에 우리 가족은 집도의의 말을 전적으로 의심했다. 그렇게 죽을 것을 확신하면서, 산 사람도 그만큼 자르면 죽기 쉽다는데 구태여 그런 범위로 꼭 잘라야 했던가 하는 것이 못내 한이 되었다.

회복실에서 입원실로 옮겨진 신희의 얼굴은 백지장처럼 창백했으며, 코에는 호스를 끼고, 세 개의 주사바늘을 꽂고 있었으며, 요도에도 호스를 끼고 있었다.

어느 책에선가 대학병원은 환자들이 생체실험의 희생이 되는 경우도 많다고 읽은 적이 있는데, 마치 신희의 모습은 실험실 속의 인간 같아 보였다.

위암 4기의 극한 고통

신희는 가냘프고 순하고 얼굴도 곱고 공부도 잘하고 마음과 성품은 더 고와서 나무랄 데가 없는 아이였다.

30년을 키웠지만 없는 것처럼 조용하고 저만치 호젓이 미안하게 태어나 사는 아이처럼, 태어난 지 3개월만에 광마(狂馬)처럼 뛰는 털털이 만원버스를 타고 네 시간을 가는 동안 많은 사람은 멀미를 하고 아우성인데도 신희는 쌕쌕거리며 예쁘게 잠을 잘 잤던 고마운 기억이 있으며, 하루 종일 나와 내 아내가 학교에 갔다가 돌아왔을 때 집 보는 아이가 신희를 입술이 마를 정도로 굶겨놔도 울질 않아서 젖을 못 얻어먹은 적이 한두 번이 아니었다.

걱정을 안 끼치려고 그런 건지 아무리 아파도 꾹 참아버리는 그 성격이 암을 4기가 될 때까지 참아버리게 한 것이다.

수술한 날로부터 167일동안 다른 암환자들은 단속적(斷續的)으로 통증이 온다는데 신희는 끊임없이 육체의 극한 고통을 받다가 갔다.

나중에 안 이야기지만 신희는 수술받은 직후부터 어느 간호원과의 대화에서 자신이 암인 것을 부모님이 모르게 할 수 없는지 걱정하더라는 말을 들었다. 그런데도 신희는 끝내 자신의 병명에 대해서 한마디도 말을 안하고 모르는 척했다.

끊임없이 토하고 국물만 먹어도 장이 유착되는데다 장 전면에 퍼진 암 때문에 장기능 마비가 되어 아무리 관장을 해도 보름씩 변이 차고, 가스가 차고, 나중에는 복수가 차서 배가 터질 것 같은 팽만감에다 간 장애로 호흡 곤란까지 겹쳤으며, 다리뼈가 쑥

시고 아팠을 것이다.

집에 있을 때, 깊은 밤이 되면 식구들에게 방해가 안되도록 텅 빈 응접실에 혼자 몰래 나와서 그 무서운 복통을 참느라고 몸을 비틀며 울면서 신음하던 것을 밤마다 볼 수 있었나.

그러나 그 오랜 투병 기간 동안 밤이면 혼자 울어 눈이 부었는데도 누구보다 먼저 세수했으며 식구들이 보는 데서는 결코 울지 않았고 너무나 태연했다. 문병 온 사람들이 울어도 신희는 일부러 태연했다.

우선 변을 좀 빼내기 위해 전주 예수병원에서 장 수술을 받았는데, 최후의 한 달 동안은 인공으로 만든 위 밑에 생긴 유착 때문에 쓸개즙과 위액을 위로만 토해내어 물 마시는 일조차 영원히 문을 닫아야 했으며, 장을 꺼내서 만든 항문조차 별 의미가 없게 되어 항문도 영원히 문을 닫은 셈이다. 목밑의 어깨 쪽에다 주사를 꽂고 심장에 직접 주입하는 영양주사만으로 연명을 하고 있었는데 그것만으로도 부족

해서 보충 주사를 맞기 위해 간호원이 주사바늘을 들고 혈관을 찾느라 열 번, 스무 번 바늘을 찔렀다 뺐다 해야 했다.

신희는 본래 약하기는 했지만 잔병치레 없이 건강한 편이었다. 그러나 복부에만은 다섯 번씩이나 수술을 받았으니 난도질을 해놓은 것이나 다름없다. 맹장수술, 분만 때 받은 두 번의 제왕 수술, 그리고 위암 수술, 또 한번의 장 수술이 그것이다.

체중이 26kg까지 내려간 자기 몸을 만져보고 상처와 주사바늘, 코에 꽂은 호스, 복수를 뽑기 위해 호스를 꽂아놓은 배를 만져보고는, "엄마, 내 몰골이 말이 아니지?" 하며 쓸쓸한 웃음을 짓는 것을 볼 때, 가슴이 꽉 메어왔다.

거절당한 기도

신희의 가장 큰 아픔은 어린 두 딸의 문제였다. 장마에 햇빛나듯 30분만 아픔이 멎으면 햇빛나는 창가 의자에 앉아 두 아이를 안고, 엄마가 나으면 동물원도 가고 식당도 가자고 숱한 약속을 하면서 속으로는 눈물을 참으려고 혀를 깨물고 있는 것을 보았다.

신희가 눈물을 안 보이려고 얼마나 신경을 썼는지 모른다. 잊어버리려고 그랬는지, 우리 마음을 상하지 않게 하려고 그랬는지, 특히 두 아이 이야기를 일체 함구해버렸다.

어느 날 오후에는 꿈을 꾸었는지 "수연아!"(둘째

딸 이름)하고 부르는 것을 듣고 옆에 있던 엄마가, "신희야, 왜 그러니?" 했더니, "아니." 하고 피해버리는 것이었다.

또 어느 날은 옆에 있는 엄마에게 "엄마, 아이들 보고 싶지 않어?" 하고 물어왔다. "아이들 보고 싶으면 데려올까?" 했더니, "아니." 하고 또 피해버린다.

얼마나 못 잊어 보고 싶은 아이들이었을까? 신희가 두 딸을 예뻐하며 키운 정성은 유별났다.

전주 예수병원 병실에서 내다보이는 4월의 개나리꽃 동산은 아름다웠다. 그날 오후 신희는 한 시간쯤 특별히 기분이 좋아 있었다. 그때 윤희가 와서 산에 갔던 이야기며 재미있는 이야기로 꽃을 피웠는데 그 이야기를 듣고 있다가 갑자기 대학 시절을 회상했는데 기분이 좋아져서 일어나 앉더니 내 손목을 꼭 붙잡고는, "아빠, 나 살고 싶어요. 살 길이 없을까요?" 하는 것이다.

신희의 여명이 얼마 없다는 사실을 씰 박사에게서 선고받고 나는 신희의 신앙을 준비시켜야겠다고 마음먹고 있던 터라 이때다 싶어 말을 꺼냈다.

"신희야, 너 주님 만날 준비를 해야 한다. 그리고 네 남편과 두 딸에게 남길 말도 녹음해둬야 하겠다. 네 딸들의 양육은 조금도 염려마라."

"아빠, 고마워요. 사실은 진작부터 그 일을 부탁드리고 싶었지만 미안해서 말씀 못드렸어요. 내게는 죽는 것은 아무 문제가 없어요. 다만 주님을 위해 별로 한 일이 없는 것이 걱정일 뿐이에요. 그런데 고통이 무서워요."

우리가 그날 기도회를 가질 때 신희는 성령충만하여 빛나는 얼굴로 영감에 찬 기도를 드렸다. 구구절절 내 가슴을 아프게 했다.

"주님, 만일 다시 살 기회를 한 번 더 주신다면 내가 어떤 삶을 살 것인지 주님이 잘 아십니다. 그러나 주님이 주시는 어떤 잔도 감사하고 찬송하며 마시게 해주십시오. 주님의 뜻에 순종하고 싶습니다. 내 고통과 눈물이 기도가 되고 찬송이 되게 해주십시오. 고통의 잔은 감당할 힘이 없사오니 주님이 책임지고 감당케 해주십시오."

신희의 최대의 공포는 참을 수 없는 극한 고통이었다. 진통제들이 잘 듣지 않아 몰핀을 써야 하는데 말기 암환자에게는 몰핀도 듣지 않게 되는 경우가 많아 의사들은 최후까지 몰핀 쓰는 일에 인색하여 많은 암환자들이 죽기 전 일주일 정도는 거의 광란상태로 들어간다고 한다.

신희가 고통을 참는 것을 보면, 이마에 식은 땀이 배고 두 발과 두 손목을 비틀고 온 몸을 비틀며 주님을 부른다. 나중에는 신희는 누워서 기도하고 나와 내 아내는 끊임없이 신희의 손목을 잡고 신음 같은 기도를 했다.

신희가 토할 때마다 나는 내 죄를 창자까지 토했고 자나 깨나, 앉으나 서나 주님과 신희를 번갈아 부르며 숨쉬듯 기도했으나, 내 생애의 가장 애절한 기도는 무참히 거절당했다.

피물은 사랑의 고백

어느 날 나와 내 아내는 아브라함이 이삭을 바치는 순종과 수락을 결심하면서부터 지각에 뛰어난 평강이 왔다.

모세의 40년 간의 기도는 요단을 건너 가나안에 들어가는 것인데, 하나님은 느보산 꼭대기에서 요단 건너 땅을 바라만 보게 하시고, "너는 들어가지 못한다." 는 거절을 모세는 생애 최후의 선물로 받았다.

바울에게도 세 번의 가시를 제거해달라는 기도가 거절되었다. 작은 겟세마네에서 나의 잔은 피보다 쓰다. 주님은 나의 가장 소중하고 소중한 것을 기어이 빼앗아가 버렸다. 나는 그 주님의 뺏는 손보다 다른 손에 준비한 것을 보아야 한다. 신희를 빼앗아간 다른 손에 준비된 영원한 소망이 전보다 총천연색으로 보인다.

주님의 절대 사랑과 어떤 상황에서도 승리하는 힘을 주실 것에 대한 신뢰와 신앙을 나는 다시 고백하고 다시 확인해야 하는 과제 앞에 서게 되었다. 아비된 자로서 열두번 신희를 대신하고 싶었지만 고통과 죽음만은 대신할 수 없는 것, 오직 주님만이 신희를 대신할 수 있다.

신희와 신희 남편과 나와 내 아내는 그렇게 기도했다.

"주여, 기도할 힘도 없고 믿음도 심지가 꺼져갑니다. 감사와 찬송을 악마가 빼앗아가고 있습니다. 살 힘도, 죽을 힘도 없습니다. 병과 싸우고 고통을 참을 힘이 조금도 남아있지 않습니다. 이 시련은 감당할 수 없습니다. 대신 책임져 주십시오. 물 속에서 건지듯이 불 속에서 건지듯이 당신이 성령으로 내 대신 기도해주시고, 믿게도 해주시고, 감사도 찬송도 주십시오. 나는 이미 죽었고 내게 사는 것은 오직 주님 뿐이며 당신의 죽음으로 죽음을 죽였사오니 나와 죽음과 상관없게 하소서. 신희의 전폭을 대신해주십시오. 사는 것도 주님이고, 죽는 것도 주님입니다. 이 싸움은 당신의 싸움입니다. 이 죽음은 당신의 죽음입니다."

교환된 삶, 산 제사를 드리는 삶의 비결을 우리는 소유했다. 십자가만 바라보는 절규, 주님의 절대사랑을 신뢰하고 뿌리째 송두리째 나의 모든 것을 책임져주시는 전천후 전인구원을 확신하는 이 피묻은 고백은 내가 하는 것이 아니라 내 속에 성령이 하신 것이다.

인간의 종말에서 하나님은 시작하고 우리는 거꾸로 사는 영점 이하 수의 가산(加算)을 살아야 했다. 주님은 살아계셨다. 주님은 사랑이었다. 주님은 약속을 지키시는 신실한 분이시다.

내 딸이기 전에 주님 딸이다. 내가 사랑하기보다

주님이 더 사랑하신다. 그래서 주님은 신희가 이 세상에서보다 천국에서 더 필요하셔서 좋은 곳으로 최선의 것을 예비하시고 높이 쓰시려고 특별 고통 코스로 특별 연단을 시켜 특별히 불러가신것이다.

그런 주님을 나는 죽을만큼 진실되고 순수하게 찬송한다. 신희의 끊임없는 기도는 어떤 경우에도 "주님께 영광 돌리고 주님을 찬송하게 하소서." 였다.

꽃 속에 잠드는 봄나비같이 엄마나 아빠가 기도만 하면 엄마 품에 쌕쌕 자는 아가같이 신희는 극한 고통을 받다가도, 우리가 기도만 하면 주님 품에서 쌕쌕 평안히 잠드는 것이 너무도 인상적이고 역력했다.

존재조차도 정지된 제로점에서

신희의 평생 기도는 시집 식구들의 복음화였는데, 지금은 시집 식구의 4촌, 6촌들까지 모두 예수를 믿게 되었다.

신희는 그의 죽음으로 주께 영광돌리게 해달라고 기도했는데 병원마다 모범 환자로 소문났고, 그의 장례식 때 참석했던 내 사위의 두 후배가 그날 장례식을 보고 예수 믿기로 작정했다고 들었다. 얼마나 감사한 일인가.

신희는 협동간사를 포함해서 30년 간의 CCC 간사 가운데 내가 기억하는 한에서는 처음 죽는 케

이스다.

아빠가 하는 일을 누구보다 자랑스럽게 생각하고 존경하며 아빠를 가장 사랑했던 내딸. 그리도 깨끗하고 곱게 생기고 그리도 가냘픈 내 딸이 그리도 가혹한 고통 속에 죽어야 했던 이유는 주님만이 알고 계신다. 나는 그 잔을 감사하게 마셔야 한다.

주님만이 대속해주시지만 신희는 어느 높은 별 아래 태어나 분명 누군가의 고통과 질병과 죄와 북음을 대신 짊어지고 간 속죄양같이, 한 알의 밀알같이 제물이 된 것 같다.

나와 내 가족의 죄와 고통과 질병과 죽음을 대신한 딸. 지금은 고통과 슬픔이 끝나고 찬란하고 황홀한 주의 곁에서 천사들과 뭇 성도들의 찬송 속에서 안식과 희락과 사랑과 행복을 누리고 있을 신희. 나도 후일에 생명이 끝나고 주님 품에서 깨어날 때, 네가 가장 먼저 꽃다발을 가지고 나를 환영나오겠지….

세상 떠나기 전 날, 신희는 쌕쌕 잠든 상태에 있다가 식구들 하나 하나에게 그리도 맑고 평화스런 눈동자로 미소를 지으면서 반갑고 고맙다는 인사를 했다. "같이 기도할 수 있겠니?" 하면, "주여…." 하고는 언어 장애를 알리느라고 손가락으로 입과 머리 부분을 가리키며 잘 안돌아간다는 신호를 했다.

숙던 날 아침 8시에 내가 가서 기도해주고 아내도 신희도 잠시 잠든 것 같아서 병실 문을 나오려고 하는데 신희가 손을 들고 "아빠, 아빠." 부르더니 "기도, 기도." 두 마디를 외쳤다. 내가 붙잡고 기도했더니 신희는 다시 잠이 들었다. 마음을 놓고 사무실에 도착하니 간호원에게서 전화가 왔다. 곧바로 달려가 보니 신희가 숨을 거두고 있었다.

신희는 죽었다. 아내가 신희의 눈을 감겨주었다. 의사와 간호원들이 들어와 산소 호스와 목에다 심장으로 꽂은 주사바늘을 빼냈다.

나는 그 방에서 모두들 나가주기를 청했다. 신희와 단 둘이만 있고 싶었다. 그의 고통은 끝났다. 우선 그것만으로도 내게 터질 것만 같은 고통의 태엽이 한 가닥 축 풀리는 것 같았다. 그는 신부처럼 주님 품에 안겼을까, 어린 딸로 안겼을까, 나와 자신의 사체(死體)를 바라보고 있을까….

꼭 붙잡고 있는 신희의 손목이 서서이 굳어지며 차가와지고 있음을 느낀다. 종이장같이 마르고 창백한 얼굴은 분명 태풍이 지나간 뒤의 호수같이 잔잔하다. 지상의 산 사람 얼굴 중에 이토록 성스럽고 가난한 여인의 얼굴이 있을까?

신희는 세상에 살기 위해 온 여인이 아니었다. 그는 세상 일에 너무 어두웠다. 욕심이 없었다. 환상의 여인이었다.

시간이 흐른다. 나는 언어도, 행동도, 존재조차도 정지된 어떤 제로점에 선 것이다(Be nothing, do nothing, say nothing). 십자가 상의 주님을 쳐다본다. 가시관 밑으로 피가 빗물처럼 줄줄 흐르고 있다.

침묵과 침묵, 주님의 제로와 나의 제로, 주님의 고통과 내 고통, 주님의 죽음과 내 죽음과 신희의 죽음이 만나고 있는 것일까? 나의 언어, 행동, 생각, 존재조차 정지된 잃어버린 시간이었다. 뒤에 생각해냈는데 나는 주님이 섭섭했던 것이다. 그리도 가냘픈 아이에게 그리도 가혹한 고통을… '주여…'하고 부를 힘이 없었던 것이다.

이윽고 내게는 한 기적이 일어났다. 깊고 깊은 존재의 밑바닥, 주님이 뚫어버린 지하에서 지하수가 솟듯이 세미한 음성으로 한 찬송이 터지고 있었다. 찬송의 영이 주어진 것이다.

그것은 분명 내 찬송이 아니다. 내 속의 성령이 내대신 부른 찬송이다. 부활하신 주님은 살아계셨다. 그때 그곳에도 나와 함께 내 위에 계셨다. 성령의 대송이다.

세상 욕심을 묻어버린 곳

신희를 유해실에 맡기고 돌아오며 나와 아내는 아이들을 위해 기도한다. 뭐라고 설명을 할 것인가? 엄마의 죽음을 이해하기엔 너무 어리다. 더욱이 쇼크와 상처를 주지 말아야 한다.

아이들은 생명의 본능으로 모든 것을 아는 것처럼 풀이 죽어 있다. 항상 누군가가 병원에서 엄마를 지켰는데 모두 돌아온 것을 보고 엄마는 어디 두고 다 와버렸는가 묻는다.

"엄마가 너무 아파서 예수님이 데려가셨어."
"어디로 데려갔지?"

"하늘나라로 데려가셨단다."

"어떻게 올라갔어? 줄을 내려 올라갔어?"

그 말에는 대답을 안했다.

"그럼, 언제 다시 데리고 오시지?"

"이담에 너희들이 크면 예수님이 오실 때 데리고 오신단다."

정하는 친구에게, "우리 엄마는 하늘나라에 가셨다."고 말한다. 수연이는 구름 위를 날마다 멍하니 쳐다본다. 다시는 '엄마'라는 말을 입에 담지 않는다. 영원히 되돌아 올 수 없는 엄마, 불러도 대답 없는 엄마를 두 아이 가슴에 상처없이 신앙으로 승화시켜 부활처럼 되살리기에는 두 아이는 너무 어리고 우리는 너무도 무지하다.

이사를 갔다. 엄마에게 새 주소와 전화번호를 알렸느냐고 수연이는 심각한 표정으로 묻는다. 수연이를 슬그머니 안은 아내의 눈에서 눈물이 수연이 머리 위로 뚝 떨어져 흐르는 것을 본다.

신희가 간 지 며칠 후, 한 통의 편지를 받았다. 다

음과 같은 내용의 긴 편지였다.

"목사님, 저는 신희 언니가 키워주었답니다. 신희 언니가 Y여대 간사로 있을 때, 저는 언니를 통해서 주님을 알게 되었고, 개인육성을 받다가 집안 사정으로 그 학교 약대 3학년 때 학교를 중퇴하게 되었는데, 작별인사를 했더니 내일 한 번 더 만나달라는 부탁을 받았습니다. 다음 날 신희 언니는 두툼한 봉투를 주면서 내게는 필요없는 돈이니 허물말고 등록금과 학비에 쓰라고 했습니다."

지금은 약사가 되었고 믿음좋은 의사와 결혼을 해서 행복하게 살고 있다 한다. 그 부부는 나와 내 아내를 만나, "언니는 지상의 사람이 아니었어요. 천상의 여인었어요."라고 했다. 젊어서 못다 살고간 여인에 대한 추모와 동정도 있겠지만, 수많은 그의 친구들과 제자들에게서 나는 신희에 대한 비슷한 인상을 받는다.

내 속된 세상 욕심을 95%쯤 내세적 소망으로 꽉 채워주고 간 신희는, 주님이 더 사랑해서 더 필요해서 더 좋은 곳으로 하나님의 시간에 하나님의 방법으로 데려가셨으니 더욱 찬송하기만 할 뿐이다.

공동묘지 길가 언덕밑 귀퉁이 땅에 신희처럼 미안하게 자리잡고 '고 김신희의 묘'라고 쓴 동그랗고 작은 무덤이 하나 있다. 나의 세상 욕심도 묻어버린 곳이다.

- 2부 -

아무도 대신할 수 없는 슬픔

"저 구름 위에 엄마가 있어?
우리를 보고 있어?"

　신희가 간 지 10년이 지났다. 그가 남기고 간 정하, 수연이는 외할머니가 5년을 키웠다. 지금은 5년간 새엄마와 살고 있다.
　우리는 의논 끝에 정하와 수연(신희의 딸, 5살, 3살)에게는 비밀로 신희의 장례를 치렀다.
　홀아비가 된 사위는 유별나게 신희를 사랑했다. 두 딸에게도 외국 여행 중에도 매일같이 전화하던 사위가 날개 부러져 홀로 남겨진 철새처럼 측은하다.
　"왜 주님이 이렇게 정하 엄마를 빼앗아 가실까요?" 하고 목이 메이며 신앙적으로도 몸살을 앓는 것을 눈물로 답할 수 밖에 없는 나와 내 아내도 측은하기만 하다. 엄마한테 데려다 달라고 생떼를 쓰던 수연이도 심상치 않는 분위기로 눈치를 챈 듯 아이답지 않게 표정을 잃어버렸다.

온 식구들에게 신희 얘기가 금기처럼 덮여져 있다 엄마 얘기를 해서는 안된다고 의논이나 한 듯 일체 언급이 없던 정하와 수연이는 드디어 "엄마는 어디다 뒀느냐?"고 물었다. 가장 무서운 말이었다. 다시는 되돌아 올 수 없는 길을 영원히 떠나버린 엄마 죽음의 의미를 소화 못할 이 아이들에게 나는 뭔가 대답을 해줘야 했다.

"엄마가 하도 아파서 예수님이 데려가셨어."

"언제 와?" 하고 물었다. 당연한 물음이다. 재림을 생각하기도 했다.

"이담에 너희가 크면 예수님이 데리고 오신단다."

"어디로 데리고 갔어?" 이 말도 당연한 물음이다.

"하늘나라로 데리고 가셨어."

"하늘나라가 어디 있어?"

피할 수 없는 물음들이다. 엄마의 간 곳이 얼마나 궁금하겠는가. 그러나 어른들에게도 마찬가지지만 아이들에게 이해될 하늘나라 개념은 너무도 막연하다.

설명이 궁해지는 것을 보고 정하가 말했다.

"하늘나라는 구름 위에 있지?"

"그래, 저 하늘 위에 있어."

그것이 우리들의 대화의 끝이고 인생의 근본문제의 강을 건넌 셈이다.

정하는 엄마가 죽은 것을 아는 것 같다. 그러나 수연이는 마음 속으로 엄마가 돌아올 날을 몹시 기다리는 눈치다. 자꾸 멍하게 하늘을 쳐다보며 "저 구름 위에 엄마가 있어? 우리를 보고 있어?"

이사를 갔다. 수연이가 엄마에게 이사간 집과 전화번호를 알려줬느냐고 상당히 심각하게 말했다.

아무도 대신할 수 없는 슬픔

사위는 신희의 그림자라도 느낄 수 있게 아이들과 같이 장인 장모인 우리와 함께 당분간 살기로 했다.

신희는 자신이 죽은 뒤 새엄마(계모)에 대해 생각했을 것이다. 그리고 새엄마와 아이들과의 관계를 위해 걱정했을 것이다.

나는 신희가 사선을 헤맬 때 주님 만날 준비도 하고 아이들을 위해 유언을 녹음해두자고 하면서 "네 아이들은 엄마 아빠가 키워주마."고 약속했던 생각을 한다. "미안해요, 죄송해요, 진작 부탁드리려고 했었어요." 하던 신희는 새엄마의 부담을 덜어주고 싶었을 것이다.

사위 종택 군은 청송 심씨로 상공부장관 하던 심 장관의 조카다. 미남에다 키도 크고 미국에서 경제학을 전공한 엘리트며 효자이고 보기드문 조백있는 양반이다.

누구보다 마음이 여린 사위는 두 아이들을 안아보고는 눈이 젖어 화장실로 가서 눈을 씻곤 했다. 자신의 반을 상실한 것이 아니라 전부를 상실한 서른 살 인생이 몽유병 환자차럼 잃어버린 지대를 표류하고 있는 듯했다.

아무도 대신할 수 없는 자신만의 이 처절한 슬픔, 아픔과 외로움과 그리움, 그리고 무서움이다. 아이들에게는 엄마의 죽음, 사위에게는 아내의 죽음, 나와 내 아내에게는 딸의 죽음, 아무리 나누어 가져도 가벼워질 수 없는 것이다.

사위는 그런 중에도 사업차 자주 미국을 갔다. 미국에 두고 온 살림살이를 정리하는 것이 장례식만

큼이나 무섭다고 했다. 그래도 신희와 같이 살던 집, 그의 물건들을 추려서 한국으로 보냈다.

우리 집에는 믿음도 좋고 마음씨 고운 아주머니가 계신다. 가정부라기 보다는 10년을 같이 산 맏딸 같은 분이다. 여호와 이레로 그 아주머니가 정하와 수연이에게 엄마처럼 시간만 있으면 성경얘기를 해주었다. 유치원 선생님과 같이 생긴 아주머니는 구약 성경 이야기를 어찌나 재미있게 해주는지 내가 들어봐도 재미있고 구수하다.

기도를 배우고 주님을 사랑하는 신앙도 의식적으로 눈을 뜨는 것 같다. 유치원도 둘이 나란히 손잡고 다니고 집에 와보면 지붕 위에 어미없이 남겨진 외로운 참새 새끼들 같이 어딘지 모르게 쓸쓸하다.

유치원에서 운동회 같은 날은 엄마들이 와야 한다. 엄마 손잡고 뛰는 프로그램이 있는 날이다. "엄마를 모시고 와야 한다." 할 때 정하는 "나는 엄마가 없어요." 하고 걱정을 했다. 고모라도 누구라도 좋다 했다. 모두들 젊은 엄마들 틈에 정하 손을 잡고 뛰면서 할머니는 슬픔을 죽여야 했다.

정하와 수연이는 엄마를 닮아 욕을 할 줄 모른다. 심술 피우는 것을 볼 수가 없다. 괴롭히는 남자애들이 있는 모양인데 "아무개는 못됐어." 그것이 고작이다. 언뜻 언뜻 스쳐가는 두 아이의 거동에서 신희의 형상이 되살아나곤 한다.

두 아이 손목을 잡고 밤길을 걸어보고 이상한 것을 느끼곤 했다. 내가 붙잡고 가는데 두 아이는 내 손을 두 손으로 꽉 붙잡는 것을 보았다. 무의식적으로 엄마가 없어 안정감이 없는 것일까. 정서적으로 삶의 탯줄이 끊긴 보상심리일 것 같다.

정하와 수연이는 미술학교, 교회생활, 피아노학원, 수영강습, 여름성경학교 등을 다니면서, 유치원, 초등학교를 다니면서 친구들도 사귀고 선생님들의 사랑과 귀여움도 특별하게 받았다. 남자 아이들이 그 옆에 앉고 싶어해서 그 부모를 통해 특별교섭도 받았다.

매일 성경을 읽고 성구를 외는 습관을 담당한 분

은 아주머니다. 우리 집 아주머니는 모태신앙으로 월남한 양반집 딸로서 중학교도 다녔고 교양있는 분인데, 우리 부부가 여행을 가도 친엄마같이 두 아이를 돌보아주었다.

정하의 일기장

정하의 일기장 가운데 '아줌마 오신 날' 이라는 곳이 있다. "보고 싶고 보고 싶던 아줌마가 돌아오셔서 정말 반갑다. 아줌마가 굵은 대추를 가지고 와서 더욱 고마웠다." 아줌마가 자기 집에 갔다 온 날의 일기다.

두 아이 다 상장이 많다. 개근상, 우등상, 품행상, 지금 다니는 미국의 학교에서는(15세, 13세) 전교에서 최우등이고 소문나게 A만 받는 모범생이다.

정하의 일기장을 훑어보니 '성경퀴즈'라는 대목이 눈에 띈다. "나는 성경퀴즈를 잘 맞출 수가 있다. 하루에 7가지 문제를 맞춰 연필 7자루를 탔다. 나만 많이 타서 언니, 오빠들께 좀 미안하다."

'여름 성경학교'라는 대목도 있다. "새 찬송을 배웠다. 예수님을 섬기는 우리 가정 마음 속에 샘솟는 기쁨이 넘쳐 말씀 따라 나가면 즐거운 생활."

'부활절' 대목도 있다. "예수님이 삼일만에 살아나신 날이다. 우리 엄마도 살아나신다."

누가 가르쳤는지 정하와 수연이에게 엄마 얘기는 금기로 되어 있는 것 같았다. 그러나 정하의 일기에는 다음과 같은 구절이 있다. 아빠 따라 호수에 가서 보트를 타고 와서 쓴 일기다. "미국에 있을 때 아빠, 엄마와 보트를 타던 생각이 난다."

이런 곳도 있다. "내 동생 수연이 생일 날이다. 수연아, 생일을 축하한다." 정하는 수연이를 무척 사랑한다.

수연이가 수두를 앓은 일이 있었다. 그때 할머니가 약 한 달 동안 집에 없었을 때다. 수연이가 열이 나고 온몸에 수두가 생겨서 일주일을 누워있는데, 정하가 수연이를 만져주며 안타까워서 자주 우는 것을 보았는데 정하의 일기에는 다음과 같이 썼다: "수연이가 수두를 앓는 날, 울고 싶다. 기도를 했다."

"할머니의 사랑" -일기-

내가 일기가 닷새 밀렸을 때 할머니께서 버럭 화를 냈다. 갑작스럽게 소리가 너무 컸기 때문에 눈물이 주르륵 쏟아질 것 같았다. 내 방으로 들어갔다. 내가 일기 숙제 한 장 쓰고 있을 때 할머니께서 꼭 안아주셨다. 나는 할머니의 큰 사랑을 알았다. 우리 할머니가 제일 좋다."

다른 일기에는, "할머니가 리본핀을 사주셨다. 할머니 고맙습니다. 내일 아침이 기다려진다. 왜냐하면 내일 학교에 갈 때 리본핀을 달고 가고 싶기 때문이다." 라는 대목도 있다.

정하와 수연이는 엄마가 병원에 있을 때 자주 가본 탓인지 병원 놀이를 자주했다. "병원놀이"라는 일기도 있다. "수연이와 나는 가위, 바위, 보를 해서 이긴 사람이 의사와 간호원이 되었다. 수연이가 체온기를 내 겨드랑이에 끼워주었다."

'성경책' -일기- "매일 매일 아침 저녁으로 성경

책을 읽는다. 지금은 창세기 46장이다. 창세기 1장 1절 말씀도 외우고 있다. '태초에 하나님이 천지를 창조하시니라' 참 간단한 말씀이다. 내 동생과 나는 누가 빨리 읽나 내기도 한다. 나는 일요일은 성경책을 더 많이 읽는다."

정하의 일기는 출장갔다 돌아오는 아빠를 기다림과 그리움으로 가슴을 메운다. "아빠의 편지를 받고 눈물을 글썽였다. 아빠가 지금 무슨 일을 하실까. 건강은 어떨까. 언제 오실까. 너무나도 궁금하다. 아무튼 얼른 일을 끝마치고 돌아오셨으면 좋겠다. 아빠의 딸 정하는 아빠를 기다린다. 그럴수록 열심히 공부해야지."

수연이와의 생활이 일기에 많이 나온다. '윷놀이'란 일기 한 토막이다. "내 동생 수연이와 나는 설날이 아니지만 매일 심심하면 윷놀이를 한다. 수연이와 아줌마와 나와 도, 개, 걸, 윷, 모, 백도, 백개, 아줌마가 일등, 내 동생 수연이가 이등, 내가 삼등이다. 재미있었다."

새엄마와의 첫 만남

신희가 간 지 5년이 흘렀을 때였다. 사위 종택 군은 요새 사람 중에서는 찾아보기 힘들 만큼 순정의 남성이다. 5년의 세월이 지났는데도 사랑 하나로 버티고 살아왔다. 우리가 서둘러 사람을 소개해도 다른 여자를 사랑할 수 없을 것 같다고 한다. 그만큼 신희의 힘은 컸다고 할까. 아니 사위의 순정이 고전적일 것이다.

우리는 사위를 위해 아이들 새엄마를 위해 기도하기 시작했다. 두세 사람을 소개해 보았다. 그리고 아이들 의사도 조심스럽게 떠보았다. 새엄마 얘기를 하자 아이들은 어른들보다 기대 이상 성숙해 있었다. 봇물 터지듯 억눌려 있던 새엄마에의 그리움이 표출되기 시작했다. 자원하는 처녀들도 생겼다.

문제는 사위의 마음이다. 정신과 의사의 도움이 필요하지 않을까 하고 걱정했다. 정신적 고자가 된 느낌이다.

그러나 주님이 도우셔서 이삭의 제2의 리브가가 나타났다. 심성도, 신앙도, 나이도, 미모도 100점인 새엄마가 미국 이민가족 중에서 나타난 것이다. 사위는 우리에게 그 뜻을 의논했다.

미국서 결혼을 했다. 아이들과도 만나서 서로의 정서주파가 맞아야 한다. 새엄마가 온다는 날, 두 아이들은 설레어 잠을 설친 듯했다. 큰 아이는 보통인데, 수연이가 더 정서적으로 깊은 탓인지 옛날 시골 처녀가 사랑하는 남자 얼굴을 마주 쳐다보지 못해 등 돌려 고개 숙이듯 가슴이 떨려 새엄마 얼굴도 아빠 얼굴도 쳐다보지 못한 채 할머니, 할아버지만 쳐다보고 시선을 피한다.

얼마나 황홀한 표정인데도 새 운명의 엄마를 마주볼 수 없는 그 표정에서 나는 죽은 신희의 표상을 읽는 듯했다. 사과 깎은 것을 새엄마에게 주고 싶은데 직접 주기 쑥쓰러워 포크에 찍어 등뒤로 아빠에게 주면서 전하라는 몸짓을 했다.

새엄마는 너무 귀여워서 안아주고 싶은데 조심스러워서 망설이는 모습이 한국인의 잃어버린 감정표현의 완곡성을 읽는 것 같다. 저만치 호젓이 멀리 심사유곡에 피고 싶은 백합꽃일까. 신희의 화신같은 수연이. 이렇게 새엄마와의 첫만남은 순정스럽기만 했다.

나는 자꾸 꿈에 신희를 본다. 친정에 다니러 왔을 때처럼 "아빠, 다 나았어요." 하고 인사하지만 어딘지 슬픈 표정을 짓는다. 잔뜩 감겨있던 태엽이 싹 풀리듯 '신희는 이제 우리와 함께 살겠구나. 꿈 속에서도 이것은 꿈이 아닌 생시겠지.' 하다가 꿈이 깨면 얼마나 슬픈지 저녁 내내 울 때도 있다.

정하와 수연이는 내게 수수께끼를 걸기를 좋아

한다.

"할아버지, 왜 손가락이 다섯인지 알아맞춰봐."
"글쎄다."
수연이가 말한다.
"내가 가르쳐줄까? 장갑끼라고 다섯이래."
손녀딸들과 나 사이는 이렇게 행복했다.

정하와 수연이는 지금 새엄마의 사랑과 보호를 받으며 미국 LA에서 학교에 다니고 있다. 새엄마와 두 아이들과의 관계는 주위 사람들의 칭찬과 존경의 대상이 되고 있다고 한다. 전혀 계모와 전처자식 관계로 보여지지 않는다.

새엄마는 우리 부부를 친부모처럼 존경하고 있다. 이렇게 착하고 자랑스런 두 딸을 주신 하나님께 감사한다고 새엄마는 늘 말하고 있다. 이미 15세, 13세의 정하와 수연이는 자랄수록 신희의 모습이 나타나고 있다.

- 3부 -

삶과 죽음에 대한 단상

삶과 죽음

삶과 죽음, 손바닥의 양면 같은 것, 그림자처럼 항상 나와 함께 공존하고 있다. 필립 알렉산더 대왕은 그의 노예에게 아침마다 냉수 한 잔을 들고 오게 해서 "필립 왕이여, 왕은 반드시 죽는다는 사실을 기억하십시오."라는 말을 시켰다고 한다.

하이데거의 경구가 아니더라도 사람은 반드시 죽는다. 언제 죽을 지 모른다. 죽을 때는 혼자 죽는다. 집단자살을 할 때도 죽음은 나 혼자만의 것, 아무도 대신할 수 없는 것이다.

어린 왕자가 죽을 때, 진시황이 죽을 때, 일만 명

의 순사(殉死)하는 노예들과 친척들을 같이 동반 매장한다 해도 그의 죽음길은 한 점 덜할 수도 없는 혼자만의 것이다. 그뿐 아니라 우리는 태어나는 순간부터 죽음의 종착역을 향한 삶의 열차의 승객과도 같이 죽기 위해 온 것이나 같다.

살고 있는 것이란 죽고 있는 것이다. 죽으려고 태어났을까. 삶의 의미란 죽음의 의미와 공존하고 있다. 왜 죽는가. 어디서 와서 어디로 가는가를 모르고는 왜 사는가도 풀 수 없는 수수께끼다.

쇼펜하우어의 염세적 허무나 불교의 존재론적 허무, 솔로몬의 체험적 허무가 죽음을 의식하는 삶 속에서는 피할 수 없는 당연한 것일 것 같다.

자아가 의식에 눈뜨는 순간부터 하나님과 양심과 죽음 같은 것이 숨쉬게 되는 것 같다. 창세기의 아담, 하와는 생명나무 선악의 양심이고 저주다. 사망의 쏘는 것은 양심이고 죄이다.

죽는 일, 지금도 하나님 문제, 죄 문제와 함께 풀지 못하면 인생은 허무고 수수께끼다. 사람들은 삶과 죽음을 색즉시공, 생로병사의 논리적 혹은 생물학적 자연이고 필연으로 소화해버리고 싶어한다. 그러나 인간에게 있어서 삶은 생물학적 예외이듯 인간의 죽음은 모든 생물의 죽음과 다르다. 자연사란 인간에게는 없다.

인간은 하나님과의 관계 존재이다. 따라서 죽음은 하나님과의 끊어진 관계를 의미한다. 하나님 없이 사는 것은 영적으로 죽은 것이다. 따라서 산다는 것도 하나님의 의식이 자아의식만큼 숨쉬게 될 때 산 것이다. 뇌사한 인간은 살았어도 죽은 사람이듯이 하나님 의식이 죽은 영혼은 이미 죽은 사람일 것 같다.

인간에게 죽음이란 개념은 삶이란 개념에는 적이요, 침입자요, 배타적인 것이다. 내일 반드시 죽을 인간들에게는 미치든가, 자살하든가 짐승처럼 사는 생철학이 당연할 것 같다.

"내일 죽을 터이니 먹고 마시자." 라는 말처럼 날마다 무작위로 잡아다 죽이는 거대한 옛 소련의 사형수 수용소의 풍속도는 신앙이 없는 한 짐승과 악마가 사는 지옥도, 그것이다. 아니면 몽유병자나 정신병자처럼 살 수밖에 없다. 지구 자체가 거대한 사형수 군도다.

실존주의 철학의 절망의 무드가 아니라도 인류는 불안의 안개 속에서, 절망의 강가에서, 공포의 벼랑에서, 죽음의 먹구름 속에서 자신도 모를 헛소리를 하고 있는지도 모른다.

예수님은 생명이다. 길이다. 진리다. 사랑이다. 용서다. 복음이다. 구원이다. 천국이다. 자유다. 해방이다. 예수님이란 캡슐 속에는 우리가 열망하는 모든 것이 들어 있다.

예수님 없는 마음은 허무다. 죽음이다. 불안이다. 절망이고 공포다. 지옥이다. '죽음'의 집에서 죽음의 드라마를 연출하는 것이 역사인 것 같다.

예수님은 내게는 숨이다. 목숨이다. 알파와 오메가다. 물과 물고기, 공기와 생물, 아니 숨과 생명의 관계다. 숨이 끝나면 죽음이듯이 예수님 없는 내 의식은 숨이 끊어져 죽은 것이다.

내게는 주님 없이 지나는 길이 없다. 주님 없는 시간도 공간도 내게는 죽은 것이다. 주님 없는 잠자리, 주님 없는 사건들, 내게는 죽은 사건들이다. 내게 사는 것은 예수님이다

「Queen」 1998년 8월호

"나보다 더 사랑해서, 더 필요해서
더 좋은 곳으로 그 애를 데려가신 주님"

한국 기독교계의 원로이며 선교의 선봉장인
김준곤 목사(73)가 16년 전에 쓴 '딸의 영전에 바치는 글'이
얼마 전 간증 음반으로 세상에 선을 보였다.
'딸의 죽음, 그 존재의 제로점에서' (한국대학생선교회).
꼭 신앙을 가진 이가 아니더라도 옷깃을 여미면서
삶과 죽음의 의미를 되새기게 만드는 김 목사의 절절한 육성 고백,
눈물과 상처와 고통, 그 너머에 있는 것.

> 딸의 영전에 바치려고 썼던 글이지만
> 바람에 날려 퍼지는 민들레 꽃씨처럼

사랑하는 사람과의 사별, 그 가운데서도 자식을 먼저 떠나 보낸 부모 마음은 얼마나 아프고 쓰라릴까, 가슴 저밀까. 산다는 게 얼마나 허망하고 신이 얼마나 원망스러울까.

한국대학생선교회(CCC) 총재인 김준곤 목사. 평생을 하나님의 종으로 살아온 그에게도 한동안 주님에게 섭섭함을 느꼈던 적이 있었다. 생애 가장 간절하고 목마른 기도가 하나님으로부터 외면당해 사랑하는 딸이 먼저 세상을 떠났을 때였다.

"그 즈음 나는 언어도 행동도 생각도, 심지어는 존재조차도 얼어붙듯이 정지해 버린 어떤 제로점에서 있었습니다. 그 뒤로 내게 한 기적이 일어나 주님에 대한 감사함이 되살아날 때까지 나는 그 잃어버린 시간 속에서 주님을 원망하고 서운하게 생각했던 것이 분명합니다."

16년 전 일이다. 1982년 4월 26일 만 29세를 일기로 둘째딸 신희 씨가 위암으로 숨진 뒤 아버지인 김준곤 목사는 딸의 영전에 바치려고 한 편의 글을 썼다. 그 글은 나중에 소책자로 만들어져 가까운 주변 사람들에게 읽혀지기 시작했다. 더 시간이 흐르자 차츰 멀리서도, 그리고 비신자들 가운데서도 그 글을 찾는 이들이 많아졌다. 바람에 날려 퍼지는 민들레 꽃씨처럼 그 글은 어느새 지은이의 손을 떠나 동병상련을 나누려는 사람들 가슴에 내려앉아 따뜻한 위로와 희망의 꽃을 피워 주고 있었다.

"얼마 전엔 나랑 같이 일하는 젊은 친구들이 나와는 별다른 상의도 없이 그 글을 간증 음반 형식으로 만들었습니다. '딸의 죽음, 그 존재의 제로점에서'란 제목으로. 잔잔한 음악을 배경으로 목소리 좋은 성우가 낭독한 그 글을 CD나 테이프를 통해 듣고 있으려니 또 눈물이 나더군요. 그 뒤 음반을 듣고 나서 실직한 어느 가장이 용기를 얻었다거나, 방탕하고 불효한 대학생이 참회의 눈물을 흘렸다는 사연 등을 접하고는 마음이 흐뭇했습니다. 아무쪼록 이 음반이 거친 세상을 살아가면서 고통과 좌절, 실패와 죽음의 기로에 선 이들에게 '그리스도 안에서 누리는 진정한 평안과 소망이란 바로 이런 것이구나'란 걸 깨닫게 해준다면 나로선 더 바랄 나위가 없습니다."

딸만 넷을 둔 김준곤 목사에게 둘째인 신희 씨는 유난히 더 착하고 여린 딸이었다.

가냘프고, 순하고, 영리하고, 얼굴도 곱고 심성은 더 따뜻하고 아름다워서 어디 한 군데 나무랄 데가 없던 둘째 딸, 저만치 호젓이 피어난 꽃처럼 곁에 있어도 없는 듯이 조용하던 딸에게 아버지 김 목사는 어느 땐 안쓰러움마저 느낄 정도였다. "얘야, 너는 왜 어쩜 그리 미안하게 태어나 사는 아이처럼 그러느냐.'

"신희가 갓난아기였을 때 나는 중고등학교 교장, 집사람은 중학교 과학교사로 맞벌이를 하고 있었습니다. 출근할 때면 집사람이 젖병에 우유를 타 놓고 나갔는데 집 보는 소녀가 그 우유를 먹어 버려 하루 종일 입술이 마를 정도로 굶겨 놔도 신희는 울질 않았습니다. 털털거리는 시골길 만원버스를 타도 쌕쌕거리며 예쁘게 잠을 잘자던 아이였어요."

몰래 울고 일부러 태연하던 아이인 "아빠, 살고 싶어요, 살 길이 없을까요."

이화여대 불문학과를 나온 신희 씨는 유학과 취직의 길을 마다하고 김 목사가 세운 CCC에서 선교활동에 힘쓰는 간사의 길을 선택했다. 그리고 얼마 후 CCC에서 만난 심종택 씨와 결혼한 그녀는 유학 가는 남편을 따라 미국으로 건너갔다. 미국에서 5년 남짓 경제학을 공부하던 남편 뒷바라지를 하면서 그녀는 두 살 터울의 딸 둘을 낳았다. 맏딸 정하와 막내 수연이. 누구보다도 행복했던 날들이었다.

참을 수 없는 통증이 찾아온 것은 1981년 여름

무렵이었다. 그러나 미국 병원의 의사는 신경성이라면서 신경안정제만 한 움큼씩 복용하게 했다. 숨도 못 쉴 정도의 고통을 견디다 못한 그녀가 국내의 어느 대학 병원에서 정밀 검진을 받았을 때는 이미 위암 말기였다. 1981년 12월 10일 신희 씨는 S병원에서 개복 수술을 받았다. 위와 비장 전부, 간장과 췌장 일부를 절제해버리고 소장 일부를 잘라내 대용 위를 만드는 대수술이었다.

집도의는 수술 자체는 성공적이지만 반 년 이상 살지는 못할 거라고 했다. 소생 가능성을 묻는 김 목사에게 그는 10만분의 1도 기대하기 힘든 형편이라고 말했다.

"수술한 날로부터 167일 동안 신희는 끊임없이 극심한 고통에 시 수술 직후 그 애는 간호사에게 자기가 암에 걸렸단 사실을 부모님에게는 비밀로 할 수 없느냐고 물었다더군요. 신희는 끝내 자신의 병명에 대해서는 한 마디 말도 없이 모르는 척 견디다가 눈을 감았습니다. 그렇게나 착하고 효성스런 아이였어요."

퇴원 후의 투병 생활은 하루 하루가 피를 말리는 날들의 연속이었다. 끊임없이 토하고 국물만 조금 삼켜도 장이 유착되는 데다 장 전면에 퍼진 암 때문에 장 기능이 마비되어 아무리 관장을 해도 보름씩 변이 차고 가스가 찼다. 나중에는 복수가 차서 배가 터질 것 같은 팽만감에다 간 장애로 호흡 곤란까지 겹쳤으며, 온몸의 뼈마디가 쑤시고 아팠다. 체중은 나날이 줄어 26kg까지 내려갔다.

"병마와 싸우는 동안 신희는 밤마다 몸을 뒤틀며 신음하고 혼자 몰래 울어 눈이 부었는데도 아침이면 누구보다 먼저 일어나 세수를 했습니다. 식구들 앞에선 결코 눈물을 보이지 않았으며 문병 온 사람들이 울어도 일부러 태연한 척하려고 애썼습니다. 마지막 한달 가량은 목 밑 어깨 쪽에 주사 바늘을 꽂고 심장에 직접 주입하는 영양 주사만으로 연명했는데, '아빠, 내몰골 말이 아니지' 하며 쓸쓸한 웃음을 지었을 때는 어찌나 가슴이 미어지던지요."

신희 씨의 가장 큰 걱정은 어린 두 딸의 문제였다. 그녀는 장마에 햇빛나듯 잠깐 통증이 멎으면 두 아이를 안고 창가 의자에 앉아 "엄마가 나으면 동물원에도 가고 자장면도 먹으러 가자." 며 기약없는 약속을 하곤했다. 속으로는 애써 눈물을 참으려고 혀를 깨물면서…. 병실 창문 너머로 개나리꽃이 만발한 4월 어느날엔 여동생 윤희 씨와 담소를 나누다가 갑자기 즐거웠던 옛날 생각이 났는지 일어나 앉아 김 목사의 손을 꼭 잡고는 "아빠, 나 살고 싶어요. 살 길이 없을까요?" 하고 간절한 눈빛으로 애원해 김 목사를 마음 아프게 만들었다.

의사에게서 신희씨의 여명이 얼마 안 남았다는 선고를 들은 김 목사는 신희씨에게 주님 만날 준비를 해야겠다고 얘기해주었다. 신희씨는 오히려 부모님을 위로하며 빛나는 얼굴로 영감에 찬 기도를 드렸다. "주님, 만약 다시 살 기회를 한번 더 주신다면 제가 어떤 삶을 살 것인지 주님이 잘 아십니다. 그러나 주님이 어떤 잔을 주시더라도 감사하고 찬송하며 마시게 해 주십시오. 주님의 뜻에 순종하고 싶습니다. 제 고통과 눈물이 기도가 되고 찬송이 되게 해 주십시오."

그녀는 사경을 헤매면서도 남편과 두 딸과 부모를 위해 입 밖으로 말이 되어 나오지 않는 기도를 드렸다. 세상 떠나기 전 날 신희 씨는 모처럼만에 편안한 잠을 잤다. 깨어나서는 맑고 평화로운 눈동자로 가족 한 사람 한 사람을 응시하며 반갑고 고맙다는 인사를 했다. 그 모습이 하도 편안하게 보여 김 목사는 내심 기적이 일어나는 게 아닌가, 작은 기대를 가졌을 정도였다.

"이튿날 아침 기도를 마친 내가 사무실에 있는데 간호사가 전화를 걸어 왔습니다. 곧장 달려가보니 신희는 숨을 거두고 있었지요. 눈 감고 주님의 품에 안긴 신희의 종잇장같이 마르고 창백한 얼굴은 태풍이 지나간 뒤의 호수 표면처럼 잔잔했습니다. 지상에 살아 있는 사람 가운데 그토록 성스럽고 가난한 여인의 얼굴이 있을까요? 그 얼굴은 분명 티없이 해맑은

천사의 얼굴이었습니다. 그 모습을 지켜보노라니 나도 잔뜩 감겨 터질 것만 같던 고통의 태엽이 한 가닥 풀리는 느낌이었지요."

김 목사는 공원묘지 길가 언덕 밑 귀퉁이 땅에 둘째딸 신희씨의 무덤을 마련했다. 어린 두 손녀는 일부러 장례식에 참석을 안시켰다. 어린 마음에 상처와 충격을 주지 않기 위해서였지만, 아이들은 본능적으로 짐작을 했는지 둘 다 풀이 죽어 있는 모습이었다.

"가족 모두에게 신희 얘기는 한동안 금기였습니다. 하지만 어느날 다섯 살 난 손녀 정하가 묻더군요. 엄마는 어디 두고 다 와 버렸느냐고. 너무 아파서 예수님이 하늘나라로 데리고 올라가셨다고 말해 줬더니, 그럼 언제 다시 데려오시느냐고 묻는 거에요. 이 다음에 너희들이 크면 예수님이 땅에 오실 때 데리고 오신다고 얘기해 주었습니다." 그 뒤로 정하는 친구가 물으면 "우리 엄마는 하늘나라에 가셨다." 고 대답했다. 정하는 엄마의 죽음을 어렴풋이 아는 것 같은 눈치였다.

그러나 세 살 난 동생 수연이는 마음속으로 엄마 돌아올 날을 몹시 기다리는지 날마다 멍하니 구름 위의 하늘을 올려다보곤 했다. 그 얼마 후 집을 옮겼는데, 수연이는 하늘나라 엄마에게 새로 이사한 집의 주소와 전화 번호를 알려 줬느냐고 자못 심각한 표정으로 물어보았다. "그로부터 5년 남짓 동안 두 손녀는 우리 집에서 할머니 할아버지 품에 자랐습니다. 유치원도 둘이 나란히 손 잡고 다니고 한 아이가 울면 한 아이가 눈물을 닦아 주었지요. 유치원 운동회 날 같은 때는 할머니가 엄마 대신 아이 손을 잡고 달리기를 했습니다. 지붕 위에 어미 없이 남겨진 외로운 새끼 참새들을 보는 것 같아서 안쓰러운 적도 많았지요."

아무도 대신할 수 없는 고통과 죽음, 당신은 어떻게 살다가 죽을 것인가? 딸을 여의고 난 뒤 한동안 김준곤 목사는 자주 꿈에 둘째딸 신희씨를 보았다. 꿈 속에서 신희 씨는 밝은 목소리로 "아빠, 이젠 걱정

마. 다 나았어요." 하고 인사를 했다. 하지만 표정에는 어딘가 모르게 슬픔이 묻어 있었다. 하도 똑같은 꿈을 되풀이해 꾸니까 김 목사는 꿈에서도 딸에게 "신희야, 이건 절대 꿈이 아닌 생시인 거지?" 하고 안타깝게 묻곤 했다. 되도록 꿈에서 깨지 않으려고 애도 써 보았다. 그러다가 꿈에서 현실로 돌아오면 어찌나 허전하고 슬픈지 날이 밝을 때까지 잠 못 들고 베갯잇을 적신 적도 여러 번이었다.

"그런 어느 날 내게 하나의 기적이 일어났습니다. 깊고 깊은 존재의 저 밑바닥, 주님이 들으신 지하에서 생명수가 솟듯이 내 안에서 아주 가늘고 작은 목소리로 찬송이 터져나온 것입니다. 찬송의 영이 주어진 것이지요. 그것은 분명 내 찬송이 아니었습니다. 내 속의 성령이 나를 대신해 부른 찬송이었습니다. 그렇습니다. 부활하신 주님이 나와 함께 내 위에 살아계셨던 것이지요."

그 날 이후 김 목사는 세상 욕심을 버리고 마음이 가난해졌다. 가난해짐으로써 풍요로워졌다. 한없이 자유로워졌다. 주님은 딸을 땅 위의 아버지인 자신보다 더 사랑해서, 더 필요로 해서 더 좋은 곳으로 하나님의 시간에 하나님의 방식으로 데려가신 거라고 생각하니 절로 찬송이 터져나왔다.

"아이들에게는 엄마의 죽음, 사위에게는 아내의 죽음, 나와 내 집사람에게는 딸의 죽음, 아비된 자로서 열두 번도 더 신희의 고통을, 신희의 죽음을 대신하고 싶었지만 고통과 죽음은 아무도 대신할 수 없습니다. 오로지 주님만이 신희를 대신할 수 있는 거지요. 주님은 나의 가장 소중하고 보배로운 것을 끝내 빼앗아가 버리셨지만, 나는 이제 주님의 그 빼앗은 손보다 주님이 다른 손에 준비하신 선물을 더 기쁜 마음으로 바라봅니다. 영원한 소망, 영원한 생명, 지금 신희는 고통과 슬픔에서 벗어나 찬란하고 황홀한 주님 곁에서 천사들과 뭇성도들의 찬송을 들으며 안식과 희락과 사랑과 건강과 행복을 누리고 있을 것입니다. 후일 내가 생명이 끝나 주님 품에서 깨어나면 그 애가 제일 먼저 꽃다발을 들고 아빠를 마중나와 주겠지요."

　김 목사의 사위 심종택 씨는 아내를 잃고 꽤 오랫동안 몽유병 환자처럼 표류하는 모습을 보였다. 아내 신희씨의 빈 자리가 그렇게나 컸던 것이다. 김 목사 부부가 사위를 위해, 그리고 어린 두 손녀를 위해 두세 명의 참한 여자를 소개시켜 보았지만 좀처럼 사위는 마음을 주지 않았다.

　"그러다가 마침내 주님이 도우셔서 심성도 신앙도 나이도 미모도 백점 만점인 제 2의 신희, 으뜸 아내, 으뜸 새엄마가 나타났습니다. 그 뒤 정하와 수연이는 새엄마를 따라 미국 LA로 갔지요. 새엄마와 두 아이들의 관계는 교포 사회에서 칭찬과 존경의 대상이 될 만큼 친부모 자식 사이, 그 이상이라고 합니다. 갈수록 제 엄마 신희 모습, 신희 성품을 닮아가는 두 손녀는 현재 LA에서 장학생으로 대학에 다니고 있습니다."

My Daughter's Grave When Grief turned to Hope

First printing, September 27. 2019 (English / Korean)

Author : Joon Gon Kim
Translator : Elizabeth S.Y. Park (M.A.)
Editor : Hye Ryeong Kim
Publisher: Soon Publishing Company

Address: Baekseok-Dong 1 Ga Rd, 2-8, Jongno-Gu, Seoul, Korea
Phone: +82-2-722-6931~2
Fax: +82-2-722-6933
Registered R 1-2464 1999. 3. 15

Copyright © 2019 by Soon Publishing Company.
All rights reserved. No part of this book may be reproduced, or distributed without permission.

딸의 죽음 그 존재의 제로점에서

2019년 9월 27일 초판 발행 (한/영합본)

지은이 : 김준곤
번 역 : 박서영
펴낸곳 : 순출판사
편 집 : 김혜령

주소 : 서울시 종로구 백석동 1가길 2-8
전화 : 02) 722-6931~2 팩스 : 02)722-6933
홈페이지 : www.soonbook.co.kr
등록 : ⓡ제 1-2464호
등록년월일 : 1999.3.15

본서의 판권은 순출판사에 있습니다. 무단 전재 및 복제를 금합니다.
ISBN 978-89-389-0353-2

KRW 10,000

Translator | Elizabeth S.Y. Park (M.A.)

Elizabeth Park is a translator of Korean-language literature. She has translated a range of works including the Faith and Work Bucket series, Prophetic Joy, and Jesus Column. She is currently working on a translation of Stand on David's Shoulders: Learning Life through David's Life by Dr. Sung Min Park. She is a graduate of Wellesley College with degrees in English and Psychology as well as a masters degree from Boston College in Counseling. Previously, Elizabeth has also worked with children with social and behavioral difficulties in both individual and group therapy.